Bibliografische Information der Deutschen Nationalbibliothek:

Die Deutsche Bibliothek verzeichnet diese Publikation in der Deutschen National-
bibliografie; detaillierte bibliografische Daten sind im Internet über http://dnb.d-
nb.de/ abrufbar.

Dieses Werk sowie alle darin enthaltenen einzelnen Beiträge und Abbildungen
sind urheberrechtlich geschützt. Jede Verwertung, die nicht ausdrücklich vom
Urheberrechtsschutz zugelassen ist, bedarf der vorherigen Zustimmung des Verla-
ges. Das gilt insbesondere für Vervielfältigungen, Bearbeitungen, Übersetzungen,
Mikroverfilmungen, Auswertungen durch Datenbanken und für die Einspeicherung
und Verarbeitung in elektronische Systeme. Alle Rechte, auch die des auszugsweisen
Nachdrucks, der fotomechanischen Wiedergabe (einschließlich Mikrokopie) sowie
der Auswertung durch Datenbanken oder ähnliche Einrichtungen, vorbehalten.

Impressum:

Copyright © 2007 GRIN Verlag, Open Publishing GmbH
Druck und Bindung: Books on Demand GmbH, Norderstedt Germany
ISBN: 9783640487714

Dieses Buch bei GRIN:

http://www.grin.com/de/e-book/139012/konzeption-eines-frameworks-zur-erstel-
lung-von-grafischen-benutzerschnittstellen

Ralph Sommermeier

Konzeption eines Frameworks zur Erstellung von grafischen Benutzerschnittstellen mit der IDE Powerbuilder

GRIN Verlag

GRIN - Your knowledge has value

Der GRIN Verlag publiziert seit 1998 wissenschaftliche Arbeiten von Studenten, Hochschullehrern und anderen Akademikern als eBook und gedrucktes Buch. Die Verlagswebsite www.grin.com ist die ideale Plattform zur Veröffentlichung von Hausarbeiten, Abschlussarbeiten, wissenschaftlichen Aufsätzen, Dissertationen und Fachbüchern.

Besuchen Sie uns im Internet:

http://www.grin.com/

http://www.facebook.com/grincom

http://www.twitter.com/grin_com

Technische Universität Chemnitz

TECHNISCHE UNIVERSITÄT
CHEMNITZ

Fakultät für Informatik

Professur für Medieninformatik

Studienarbeit

von

Ralph Sommermeier

Konzeption eines Frameworks zur Erstellung von grafischen
Benutzerschnittstellen mit der IDE PowerBuilder®

Chemnitz, den 26. September 2007

Inhaltsverzeichnis

1 Einführung

1.1 Inhalt

Der Schwerpunkt dieser Arbeit liegt in der Konzeption eines Frameworks für grafische Benutzerschnittstellen unter Verwendung etablierter Entwurfsmuster. Ausgangspunkt dafür bildet die Behandlung des Model View Controller (MVC) Entwurfsmusters, dessen Grundgedanken bereits 1979 von Trygve Reenskaug für die Beschreibung von Benutzerschnittstellen in Smalltalk entwickelt wurde. Von diesem Zeitpunkt an bis heute etablierte sich das MVC Muster als quasi de facto Standard für den Entwurf komplexer Softwaresysteme und ist damit Anlass, sich mit dessen Entwicklung und praxisorientierten Einsatz auseinander zu setzen. Die eingeführten Begriffe Model, View und Controller werden definiert und deren Interaktionssituationen schematisiert. Damit einhergehende Softwaretechnisch zu lösende, Problemsituationen bedingen den zusätzlichen Einsatz weiterer Entwurfsmuster, wie dem Beobachtermuster und der Fabrikmethode, welche ebenfalls studiert und in das Framework Konzept einfließen werden. Darauf aufbauend wird, unter Berücksichtigung der aktuellen Entwicklungen und vorliegenden Rahmenbedingungen, dieses Konzept weiter spezialisiert, mit der Zielsetzung letztlich, die generelle Machbarkeit in Form eines GUI Frameworks durch den abstrakten Klassenentwurf einer Model- und Viewkomponente innerhalb der IDE PowerBuilder® zu zeigen.

1.2 Motivation

Meist historisch bedingt, sorgt der ständige Fortschritt und die Etablierung neuer Technologien für ein immer größer werdendes Einsatzgebiet mit komplexeren Anforderungen an moderne Softwaresysteme. Diese stellen heute nicht mehr nur eine softwaretechnische Abbildung eines konkreten Anwendungsfalles oder eines Geschäftsprozesses dar, sondern sie haben viel mehr den Charakter einer Infrastruktur, indem mehrere Systeme miteinander kooperieren.

Um den damit verbundenen Erweiterungsaufwand weiterhin gerecht zu werden, betreibt die DELTA proveris AG mit Sitz in Limbach-Oberfrohna, ein aufwendiges Refactoring des Softwaresystems LEASMAN® und fördert damit diese Studienarbeit. Im Rahmen dieses Refactoring Prozesses und der damit verbundenen technologischen Weiterentwicklung sollen die Abhängigkeiten zwischen zugrunde liegender Funktionalität auf der einen und Benutzerschnittstelle auf der anderen Seite minimiert werden.

1.3 Begrifflichkeiten

1.3.1 Muster

Muster (engl. Pattern) bedeutet im wörtlichen Sinne eine gleich bleibende Struktur und stellt im übertragenen Sinne ein praktisch bewährtes Lösungsschema, in Form einer Dokumentation, für bekannte Probleme der Softwareentwicklung dar.

Geprägt wurde der Begriff 1977 vom Architekturprofessor Christopher Alexander an der University of California in Berkley durch seine Theorien über Muster in der Architektur und dessen Ergebnisse in Form einer „Pattern Language" [AM99]. Die „Viererbande" (engl. Gang of Four) veröffentlichte 1995 das Werk [GoF95], welches als Initiator des öffentlichen Interesses an Mustern in der Softwareentwicklung angesehen werden kann.

Das Hauptaugenmerk von Mustern liegt dabei in der Wiederverwendbarkeit des Problemwissens und es werden die Architekturmuster, Entwurfsmuster und Idiome unterschieden. Der formelle Aufbau eines Musters sollte mindestens der Gliederung nach Kontext, Problembeschreibung und Lösungsschema genügen, was auch als Alexandrian Form bezeichnet wird. Die „Viererbande" strukturiert wesentlich feiner und enthält neben den bereits genannten Gliederungspunkten weitere wie Synonyme, Motivation, Anwendbarkeit, Implementierung, Beispielcode und Praxiseinsatz. Meist wird sich jedoch, je nach Autor und Problemsituation, nur an deren Gliederungen angelehnt und für die speziellen Bedürfnisse adaptiert [PSA98]. Der grundlegende Aufbau spiegelt sich auch in der kurzen Definition „Lösung für ein Problem im Kontext" [AM99] wieder. Nicht minder wichtig ist eine konkrete Benennung der Muster, im Sinne einer praktikablen Katalogisierung sowie einer vereinfachten Kommunikation im Fachvokabular der Softwareingenieure.

Die Anwendung von Mustern unterliegt letztlich aber immer einem gewissen Freiheitsgrad und sollte als Vorschlag, nicht als Vorschrift angesehen werden. Der Vergleich mit einem Kochrezept bringt es auf den Punkt. Wahllose Zusammenstellung verschiedener Rezepte zu einem Menü macht dieses ebenso wenig schmackhaft, wie die Anwendung zahlreicher Muster einen guten Softwareentwurf ausmacht. Die Anpassung an individuelle Rahmenbedingungen sollte daher bei der Anwendung von Mustern berücksichtigt werden.

1.3.2 Framework

Die Wiederverwendbarkeit und Wartbarkeit spielen bei der Entwicklung komplexer Softwaresysteme eine wesentliche Rolle und werden grundlegend durch die Objektorientierte Programmierung unterstützt. Kapselung von Daten und Methoden, Instanziierung und Vererbung sind zentrale Begriffe dieses Paradigmas und ermöglichen die Wiederverwendung des zugrunde liegenden Quellcodes.

Ein Framework baut darauf auf und stellt einen wiederverwendbaren Systementwurf dar. Damit enthält dieses, neben dem eigentlichen Quellcode, auch die Steuerung des Kontrollflusses zwischen den in ihm enthaltenen Komponenten und spiegelt damit die Architektur des darauf aufbauenden Systems wieder.

Eine Definition des Frameworkbegriffes soll an dieser Stelle aus [GoF95] übernommen werden.

„A set of cooperating classes that makes up a reusable design for a specific class of software. A framework provides architectural guidance by partitioning the design into abstract classes and defining their responsibilities and collaborations. A developer customizes the framework to a particular application by subclassing and composing instances of framework classes."

Ein Framework besteht in der Summe also aus konkreten und abstrakten Klassen. Der wesentliche Unterschied, gegenüber einer funktionalen Gliederung in Bibliotheken, wird aus Sicht des Entwicklers wesentlich deutlicher und stellt sich wie folgt dar. Komponenten werden durch den Entwickler in einer Hauptfunktion *main()* aufgerufen, wobei der Kontrollfluss durch die Hauptfunktion vom Entwickler definiert ist. Ein Framework stellt im Gegensatz dazu selbst die Hauptfunktion dar und der Entwickler kann diese erweitern und an seine individuellen Bedürfnisse anpassen, wobei das Gerüst der Hauptfunktion wiederverwendet wird.

Die Vorteile liegen auf der Hand. Entwicklung neuer Komponenten auf Basis eines Frameworks erfolgt zum einen erheblich schneller, da diese im wesentlichen durch Komposition und Konkretisierung existierender Klassen des Frameworks erfolgt. Zum anderen beinhalten die vom Framework zur Verfügung gestellten Klassen bereits eine gewisse Robustheit, da immer wieder genutzte Funktionalität wie Fehlerbehandlung, Datenaustausch und interner Kontrollfluss wiederverwendet und nicht erneut entwickelt werden muss. Die Produktivität der Entwicklung von konkreten Anwendungssystemen wird durch Frameworks erheblich gesteigert. Die Entwicklung des Frameworks selbst ist jedoch ein aufwendiger, von umfangreichen und wiederkehrenden Reorganisationen geprägter Prozess.

Verschiedene Typen von Frameworks, wie bspw. Application Frameworks oder Graphical User Interface (GUI) Frameworks unterscheidet man im wesentlichen nach dessen Einsatzgebiet. Application Frameworks sind für allgemeine Anwendungen von Bedeutung. Als klassische Vertreter hiervon sind die Microsoft Foundation Classes (MFC) und die PowerBuilder® Foundation Classes (PFC) zu nennen. Das in dieser Arbeit auf Basis des MVC Musters entwickelte Framework, zählt zu der Klasse der GUI Frameworks und verfolgt damit vorrangig das Ziel, eine Architektur für wieder verwendbare GUI Elemente bereit zu stellen.

1.4   Rahmenbedingungen

1.4.1   IDE PowerBuilder®

Für das Produkt LEASMAN® wird neben zahlreichen weiteren Entwicklungs-
begleitenden Tools im wesentlichen die Entwicklungsumgebung PowerBuilder®
der Firma Sybase, aktuell in der Version 10, eingesetzt. Die Geschichte von
PowerBuilder® ist auf die im Jahre 1974 gegründete Firma Computer Solutions Inc. (CSI), welche bis in die frühen 90er Jahre hauptsächlich ein Manufacturing Resource Planning (MRP) System vertrieb, zurück zu führen. Mit
Etablierung der grafischen Benutzerschnittstellen durch Microsoft Windows
gerieten die bis dahin üblichen textuellen Benutzerschnittstellen der legendären
80x24 Auflösung in den Hintergrund.

Auf der Suche nach Tools und Techniken zur Entwicklung grafischer Benutzerschnittstellen existierte zum damaligen Zeitpunkt ausschließlich die Program-
miersprache C. Dave Litwack und Mitchell Kertzman waren schließlich die
Initiatoren der Entwicklung eines einfach zu bedienenden Client/Server Tools
für die Kommunikation mit den bekanntesten Relationalen Datenbank Mana-
gement Systemen Oracle und Sybase. Im August 1990 wurde die Beta Version
1.0 von PowerBuilder® unter dem Codenamen „Headstart" durch Powersoft
veröffentlicht und die zahlreiche Beteiligung von namhaften Unternehmen, wie
American Airlines, Microsoft, 3M, Fidelity Investments, Coca-Cola und vielen
mehr, war viel versprechend. Das offizielle PowerBuilder® 1.0 Release wurde
im Juli 1991 freigegeben und die Erfolgsgeschichte zeichnete sich bereits in
den ersten 6 Monaten am Umsatz von 5,2 Millionen Dollar ab. Ein Jahr später
wurde Version 2.0 veröffentlicht und der Umsatz stieg im Jahr 1992 auf 22,1
Millionen Dollar. Die weitere rasante Umsatzentwicklung (57 Millionen Dollar im Jahre 1993 und 133 Millionen Dollar 1994) lies Investoren aufmerksam
werden und letztlich wurde Powersoft am 13. Februar 1995 von Sybase für
904 Millionen Dollar gekauft. Bis 1996 genoss PowerBuilder® eine führende
Stellung im Client/Server Bereich. Die Etablierung integrierter Entwicklungsumgebungen, wie bspw. Visual Basic oder Borland Delphi, deren wachsende

Anzahl von Entwickler schnell die von PowerBuilder® überstieg, drängten diesen in den folgenden Jahren jedoch mehr und mehr in den Hintergrund. Auch die rasante Entwicklung des Internets und das Heranwachsen der Dotcom Blase sorgte für mehr Interesse an Web-Projekten. Nichtsdestotrotz wurde PowerBuilder® stetig weiter entwickelt und auch aktuelle Technologien, wie XML oder Webservices, können in der verwendeten Version 10 genutzt werden. [LANI]

Resümierend kann man sagen, dass es sich im Wesentlichen um eine Integrated Development Environment (IDE) der Fourth generation language (4GL) handelt, dessen Hauptvorteil in der patentierten Datawindow-Technologie zu sehen ist.

1.4.2 Softwaresystem LEASMAN®

„Das Komplettsystem LEASMAN® ist eine auf die Bedürfnisse von Leasinggesellschaften zugeschnittene Verwaltungssoftware, die alle betriebswirtschaftlichen Ansprüche berücksichtigt." [DEPAG]

Seit Gründung der DELTA project GmbH im Jahre 1994 und dem Beginn der Entwicklungsarbeiten an LEASMAN® im Jahre 1997 kann die mittlerweile umfirmierte DELTA proveris AG auf ein gesundes und stetiges Wachstum zurückblicken. Die kontinuierliche Weiterentwicklung, auf Basis des Firmenleitbildes DEPAG (Dialog, Effektivität, Potenzial, Anspruch und Glaubwürdigkeit), machte LEASMAN® zu dem was es heute ist, zur „zukunftsfähigen Standardlösung der gesamten Kfz-Leasingbranche". [DEPAG]

Ausgangspunkt war die Entwicklung einer klassischen Client/Server Anwendung mit einem Informix Dynamic Server (IDS) als Datenbank und den Clienten in Form einer Multiple Document Interface (MDI) Applikation. Die rasante Entwicklung im Bereich der Informationstechnologie und dem damit verbundenen Bedarf, bewährte Lösungen durch neue Technologien stets auf dem aktuellen Stand der Technik zu halten, sind Gründe für den Architekturwandel hin zu einer Mehrschichtenarchitektur. Eine vereinfachte Darstellung dieser Architektur veranschaulicht das in Abbildung 1 dargestellte Schalenmodell.

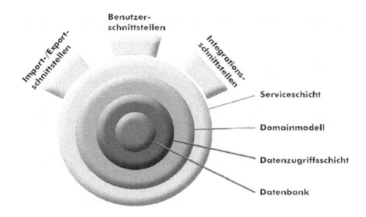

Abbildung 1: Schalenmodell der LEASMAN® Architektur

Das Hauptaugenmerk der im folgenden behandelten Entwurfsmuster dient der Umsetzung eines auf dem Model View Controller Muster basierenden Frameworks, welches zwischen Benutzerschnittstelle und Serviceschicht ansetzen, da die Konzeption des Frameworks auf wiederverwendbare GUI Elemente für die IDE PowerBuilder® abzielt. Zuerst müssen allerdings das Muster selbst und deren unterschiedliche Ausprägungen studiert werden.

2 Model View Controller

Um die verwendeten Begrifflichkeiten präzise zu definieren, bietet es sich an, aus dem Original von Trygve Reenskaug zu zitieren und anschließend das Zusammenspiel der einzelnen Komponenten zu schematisieren.

„Models represent knowledge. A model could be a single object (rather uninte-resting), or it could be some structure of objects. There should be a one-to-one correspondence between the model and its parts on the one hand, and the re-presented world as perceived by the owner of the model on the other hand. The nodes of a model should therefore represent an identifiable part of the problem. The nodes of a model should all be on the same problem level, it is confusing and considered bad form to mix problem-oriented nodes (e.g. calen-dar appointments) with implementation details (e.g. paragraphs).

A view is a (visual) representation of its model. It would ordinarily highlight certain attributes of the model and suppress others. It is thus acting as a pre-sentation filter. A view is attached to its model (or model part) and gets the data necessary for the presentation from the model by asking questions. It may also update the model by sending appropriate messages. All these questions and messages have to be in the terminology of the model, the view will there-fore have to know the semantics of the attributes of the model it represents. (It may, for example, ask for the model's identifier and expect an instance of Text, it may not assume that the model is of class Text.)

A controller is the link between a user and the system. It provides the user with input by arranging for relevant views to present themselves in appro-priate places on the screen. It provides means for user output by presenting the user with menus or other means of giving commands and data. The con-troller receives such user output, translates it into the appropriate messages and pass these messages on .to one or more of the views. A controller should never supplement the views, it should for example never connect the views of nodes by drawing arrows between them. Conversely, a view should never know about user input, such as mouse operations and keystrokes. It should always be possible to write a method in a controller that sends messages to views which exactly reproduce any sequence of user commands.

A controller is connected to all its views, they are called the parts of the controller. Some views provide a special controller, an editor, that permits the user to modify the information that is presented by the view. Such editors may be spliced into the path between the controller and its view, and will act as an extension of the controller. Once the editing process is completed, the editor is removed from the path and discarded. Note that an editor communicates with the user through the metaphors of the connected view, the editor is therefore closely associated with the view. A controller will get hold of an editor by asking the view for it - there is no other appropriate source." [MVC79]

Ziel dieser Dekomposition ist die Zerlegung eines interaktiven Systems in einzelne Komponenten mit abgegrenzter Funktionalität und einem hohen Grad der Wiederverwendbarkeit. Dabei wird die bekannte Trennung von Eingabe, Verarbeitung und Ausgabe (EVA Prinzip) auf die Elemente einer grafischen Benutzerschnittstelle übertragen. Wesentliche Aspekte der Mensch Computer Interaktion (MCI), gerade in Bezug auf Benutzerein- und ausgabe, können somit unabhängig voneinander implementiert und sogar auf unterschiedlicher Hardware realisiert werden.

Die Verarbeitung von Benutzereingaben, sei es die einfache Datenänderung oder der Aufruf eines Services, erfolgt durch den Controller und im Speziellen durch Erweiterung dessen in Form eines Editors. Die Repräsentation der Daten ist Aufgabe der Viewkomponenten und Grundlage bildet letztlich das Model als ein Art Datenkontainer mit spezifischen Serviceschnittstellen.

Den Möglichkeiten zur Visualisierung der vom Model zur Verfügung gestellten Daten sind dabei keine Grenze gesetzt, da es sich zwischen Model und View um eine 1:n Relation handelt. Der wichtigste Punkt dabei ist, dass die in einem Model enthaltenen Daten durch verschiedene Views in unterschiedlichster Weise visualisiert werden können, so wie dies in Abbildung 2 dargestellt ist.

Die Komponenten Controller und Editor dienen als Schnittstelle für die Verarbeitung der Benutzereingabe und dessen Ablaufsteuerung. Wie bereits beim View müssen auch dem Controller die Schnittstellen des Models bekannt sein,

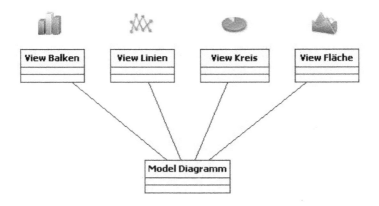

Abbildung 2: 1:n Relation zwischen Model und Views

da Benutzeraktionen dem Model mitgeteilt werden. Die Relationen zwischen den Klassen View-Controller sowie Controller-Editor sind 1:1 Relationen, zwischen Model-View und Model-Controller hingegen handelt es sich um die wichtige 1:n Relation, so wie dies in Abbildung 3 dargestellt ist.

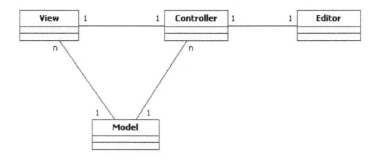

Abbildung 3: Relationen zwischen Model, View, Controller und Editor

Die beschriebenen Interaktionsmöglichkeiten zwischen den Komponenten wie Benutzereingaben, Datenänderung, der Aufruf eines Services oder die Visualisierung der Daten durch den View sind in Abbildung 4 dargestellt.

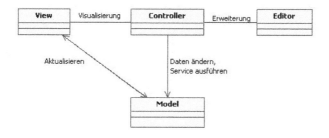

Abbildung 4: Interaktion zwischen Model, View, Controller und Editor

Ein abstrakter Klassenentwurf zur Realisierung des MVC Musters auf Basis der prägnanten Definition ist in Abbildung 5 dargestellt.

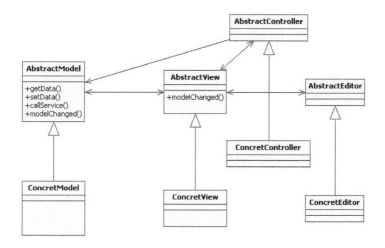

Abbildung 5: Klassenentwurf des MVC Musters

Die Funktionsweisen beschränken sich in dieser Variante noch auf die wesentlichen Grundfunktionen des Datenaustausches zwischen View, Controller und Model durch die Methoden *setData()* und *getData()* sowie auf die Benachrichtigung des Views über eine Datenänderung im Model durch die Methode *modelChanged()*. Der Aufruf von Funktionen erfolgt durch den Controller und dessen Aufruf der Methode *callService()* am Modell. Die vorgesehenen Steuerungsabläufe für Initialisierung, Datenänderung und Ereignisbehandlung sind im Sequenzdiagramm von Abbildung 6 dargestellt.

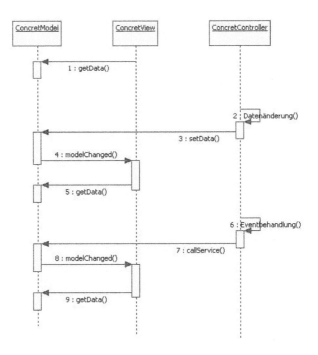

Abbildung 6: Sequenzdiagramm des MVC Musters

Zu Beginn erfolgt eine Initialisierung des Views durch den Aufruf von *getData()*, worauf die aktuellen Daten des Modells gelesen und visualisiert werden.

12

Ein Zustand, in welchem die visualisierten Daten denen des Models entsprechen, liegt vor. Die Benutzeraktion einer Datenänderung am Controller bewirkt den Aufruf von *setData()* und übermittelt diese an das Model. Das Model wiederum reagiert auf diese Datenänderung mit einem Aufruf von *modelChanged()* am View, worauf sich dieser, wie bereits bei der Initialisierung durch Aufruf von *getData()*, aktualisiert. Die Benutzeraktionen eines Dienstaufrufes am Controller bewirkt den hier allgemeinen Methodenaufruf *callService()* und führt diese entsprechend aus. Dadurch erfolgte Datenänderungen werden den Views ebenfalls durch den Aktualisierungsmechanismus *modelChanged()* mitgeteilt. Die Aktualisierung des Views durch die Methode *modelChanged()* sorgt bei einer Datenänderung stets für den konsistenten Zustand der View- und Modelkomponente.

Aufgrund sich ändernder Rahmenbedingungen wurde dieses, ursprünglich zu Smalltalk Zeiten entwickelte Konzept, von neuen Technologien geprägt und es entwickelten sich grundsätzlich zwei Varianten des MVC Musters, welche im folgenden kurz vorgestellt werden.

2.1 Document View Modell

Entwicklungsumgebungen der 4GL, welche Steuerelemente bereits vom zugrunde liegenden Fenstersystem nutzen oder durch eigene GUI Frameworks zur Verfügung stellen, verschmelzen die im MVC Muster beteiligten View- und Controllerkomponenten miteinander, so dass es sich nur noch um eine MV Struktur handelt. [PLPD]

Von Microsoft wurde diese Struktur mit Einführung der MFC als Document View Architektur geprägt und in der vorliegende IDE PowerBuilder® wird eine ähnliche Klassenbibliothek namens PFC angewendet.

Der Vorteil dieser Vereinfachung liegt darin, dass übermäßiger Implementierungsaufwand aller Schnittstellen der 1:1 Beziehung zwischen View und Controller vermieden wird, da sowieso für jeden View ein spezifischer Controller implementiert wird. Der Kern einer Trennung zwischen Präsentation und dem physischen Datenmodell bleibt dabei aber bestehen und im folgenden wird dieser, durch den Entwurf einer abstrakte Model- und Viewklasse, auf das Wesentliche reduziert.

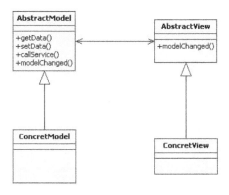

Abbildung 7: Klassenentwurf des MV Musters

Die vorhandenen Steuerungsabläufe für Initialisierung, Datenänderung und Ereignisbehandlung ändern sich durch diese Adaption nur unwesentlich in der Form, dass die Datenänderung und Ereignisbehandlung bereits durch die Viewklasse erfolgt, so wie dies auch im Sequenzdiagramm von Abbildung 8 ersichtlich wird.

2.2 MVC2 Modell

Eine weitere Variante ist das so genannte MVC2-Modell oder auch MVC Version 2 und entstammt der Webprogrammierung. Hierbei handelt es sich um eine für Webanwendungen optimierte zustandslose Variante des objektorientierten MVC Modells, wobei die Controllerklasse für die Verarbeitung der HTTP Requests und die Viewklasse für die Generierung der HTML Ausgabe verantwortlich ist. Für die hier zu bewältigende Aufgabe hat dieses Muster keine Bedeutung und soll daher nicht näher erläutert werden.

14

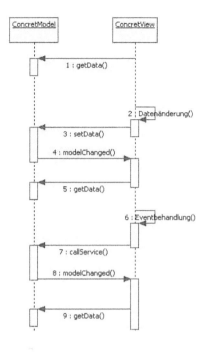

Abbildung 8: Sequenzdiagramm des MV Musters

3 Beobachter Muster

Von Interesse ist dieses Muster vor allem dadurch, weil dessen zugrunde liegendes Problem implizit im MVC Muster enthalten ist, auf eine effektive Lösung aber nicht explizit eingegangen wird. Den Problempunkt stellt dabei die automatische Benachrichtigung aller an das Model gebundenen Views dar. Wie viele und vor allem welche Views an ein Model gebunden sind, ist dabei erst während der Laufzeit bekannt und kann sich auch während dessen ändern. Eine bewährte Lösung hierfür soll durch das Studium des Beobachter Musters vorgestellt werden und in die Frameworkkonzeption einfließen.

Das Beobachter Muster (engl. Observer Pattern) dient dem Zweck eine 1:n

Relation zwischen Objekten in der Art zu realisieren, dass die Datenänderung eines Objektes zur Benachrichtigung und Aktualisierung von n Objekten führt [GoF95]. Hintergrund ist dabei der, dass zum Compilierungszeitpunkt noch nicht bekannt ist, welche Objekte von einander abhängen und eine derartig enge Kopplung die Wiederverwendbarkeit beeinträchtigen würde.

Die Benachrichtigungsstrategie erfolgt dabei so, dass sich Objekte durch eine definierte Schnittstelle an- bzw. abmelden und sich dadurch im gewissen Sinne selbst verwalten. Der Klassenentwurf aus [GoF95] wird im folgenden kurz erläutert und in Abbildung 9 dargestellt, um schließlich im Abschnitt 5 adaptiert zu werden.

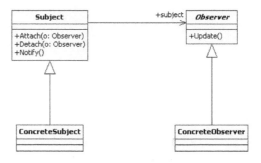

Abbildung 9: Klassenentwurf des Beobachter Musters

Die beiden zentralen Klassen *Subject* und *Observer* repräsentieren diese 1:n Beziehung. Die *Observer* Instanzen registrieren sich an einer *Subject* Instanz durch den Aufruf der Methode *Attach()* und übergeben diesem hierbei ihre eigene Objektreferenz, welche intern, z. B. in Form eines Arrays, durch das *Subject* verwaltet wird. Tritt eine Datenänderung im *Subject* auf, so wird die Methode *Notify()* ausgeführt, welche an alle in der internen Struktur registrierten Objektreferenzen die Methode *Update()* ausführt, worauf sich diese aktualisieren können. Letztlich, wenn kein Benachrichtigungsbedarf mehr besteht, melden sich die *Observer* Instanzen durch Aufruf der Methode *Detach()*

bei der *Subject* Instanz ab und werden somit aus dessen interner Registrie-
rungsstruktur entfernt.

Zur Veranschaulichung eines möglichen Steuerungsablaufes mit zwei *Observer*
Instanzen dient das in Abbildung 10 dargestellte Sequenzdiagramm.

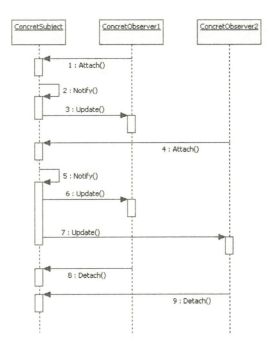

Abbildung 10: Sequenzdiagramm zum Beobachter Muster

4   Fabrikmethode

Die Fabrikmethode, auch bekannt als Virtueller Konstruktor, gehört ebenfalls
zu den in [GoF95] vorgestellten Entwurfsmustern und beschäftigt sich, wie der
Name schon vermuten lässt, mit dem „Bauen", fachvokabularisch besser mit
dem Instanziieren, von Objekten.

17

Der wesentliche Punkt ist dabei die Entkoppelung des Erzeugers von der Verwendung konkreter Klassen und damit der Vorteil, dass die Erzeugung von Objekten über eine definierte Schnittstelle der Fabrikmethode an Unterklassen delegiert wird.

Eine Anwendung dessen lohnt auch dann, wenn das Wissen über die konkreten Unterklassen an einer zentralen Stelle lokalisiert werden soll. Der Klassenentwurf wird ebenfalls aus [GoF95] übernommen und in Abbildung 11 dargestellt, um in die Framework Konzeption ein zu fließen.

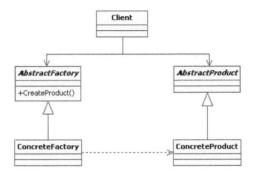

Abbildung 11: Klassenentwurf der Fabrikmethode

Die Klasse *AbstractFactory* deklariert eine Methode *CreateProduct()*, welche die konkrete Implementierung an dessen Unterklassen delegiert. Die Konsequenz davon ist, dass die Entwicklung von Unterklassen stets ein Überschreiben dieser Methode voraussetzt, so dass diese ein Objekt des Typs *ConcreteProduct* zurück liefern. Eine weitere und hier favorisierte Anwendungsvariante ohne Überschreiben der Fabrikmethode ist die einer konkreten *Factory* Klasse mit einer parametrierbaren Methode *CreateProduct(id)*, welche anhand des übergebenen Parameters *id* das *ConcreteProduct* instanziiert.

Der Steuerungsablauf für die zweite Anwendungsvariante mit einer konkreten Klasse *Factory* ist in Abbildung 12 dargestellt.

18

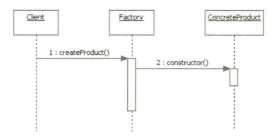

Abbildung 12: Sequenzdiagramm der Fabrikmethode

5 Framework Konzeption

Die Konzeption des Frameworks wird keine zugrunde liegenden Datenobjekte und auch keine anwendungsspezifische Funktionalität implementieren, da es sich um einen abstrakten Klassenentwurf handelt. Dennoch wird damit der Grundstein des Frameworks gelegt, da alle konkreten Modelklassen aus Ableitungen dieser abstrakten Modelklassen gebildet werden und damit dessen Entwurf erben.

Der im MVC Muster vernachlässigte Aspekt, dass an einem Model mehrere Views gebunden sein können, wird durch das substituierende Heranziehen des Beobachter Musters gelöst und im Klassenentwurf aus Abschnitt 2.1 adaptiert. Eine einfache Komposition erfolgt dabei in der Art, dass die Modelklasse als das *Subject* und die Views als *Observer* betrachtet werden. Die Methoden *Attach()*, *Detach()* und *Notify()* der *Subject* Klasse werden dabei mit den geänderten Bezeichnern *addModelListener()*, *removeModelListener()* und *modelChanged()* in die Modelklasse übernommen. Ebenso werden die *Subject* Methoden *Update()* als Viewmethode *modelChanged()* übernommen. Der daraus resultierende Klassenentwurf ist in Abbildung 13 dargestellt.

Die Methode *modelChanged()* der Modelklasse ruft dabei an allen registrierten Views die Methode *modelChanged()* auf, um diese über eine Datenänderung zu informieren.

19

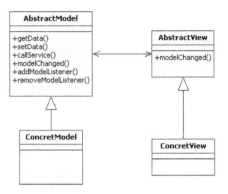

Abbildung 13: Klassenentwurf des Frameworks

Eine Sonderbehandlung wird hierbei für den Registrierungsmechanismus *add-ModelListener()* erfolgen, welcher gleichzeitig die Initialisierung des Views durch unmittelbaren Aufruf der Methode *modelChanged()* für den aktuell zu registrierenden View ausführt. Die möglichen Steuerungsabläufe sind im Sequenzdiagramm von Abbildung 14 dargestellt.

Die Instanziierung der Objekte zur Laufzeit soll letztlich noch durch eine Fabrikmethode erfolgen, so dass die konkrete Benennung einzelner Klassen an zentralen Stelle lokalisiert wird. Der Entwurf erweitert sich dadurch um eine Klasse *ModelFactory*, welche über die Methode *getModel()* die Objekte der konkreten Klasse erzeugt. Der um die Fabrikmethode verfeinerte Klassenentwurf ist in Abbildung 15 dargestellt.

Um abschließend zu zeigen, dass eine Umsetzung dieser Konzeption innerhalb der IDE PowerBuilder® machbar ist, werden im folgenden Abschnitt die abstrakten Klassen implementiert, um auf dessen Basis einen Model Prototypen der Partnerkomponente, welche dort separat erläutert wird, mit zwei möglichen Views um zu setzen.

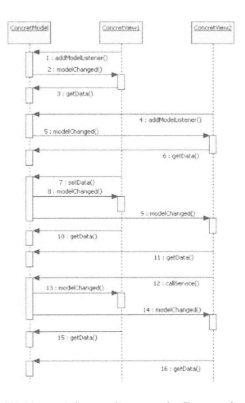

Abbildung 14: Sequenzdiagramm des Frameworks

6   Implementierung unter PowerBuilder®

Die Implementierung innerhalb PowerBuilder® erfolgt auf Seite der Klasse *Ab-stractModel* durch ein so genanntes „Custom Class PowerBuilder® Object", welches das objektorientierte Konstrukt einer Klasse repräsentiert. Auf Seite der Klasse *AbstractView* erfolgt die Implementierung durch ein so genanntes „Custom Visual PowerBuilder® Object„, welches den zusätzlichen Vorteil bieten, direkt als Steuerelement durch Drag & Drop in andere Views eingebunden zu werden und somit eine Instanziierung ohne Programmierung im Sinne der 4GL Entwicklungsumgebungen ermöglicht.

21

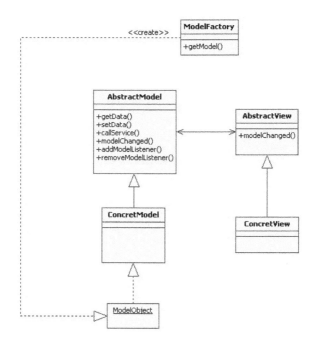

Abbildung 15: erweiterter Klassenentwurf des Frameworks

Innerhalb der Entwicklungsumgebung ist der Dialog für die Erstellung dieser Objekte über das Hauptmenü *File - New* zu erreichen, wie dies in Abbildung 16 zu sehen ist.

Die Implementierung der Methoden beschränkt sich für die abstrakte Modellklasse auf die wesentlichen Mechanismen des Beobachter Musters *addModelListener()*, *removeModelListener* und *modelChanged()*. Die Funktionalität der übrigen Methoden wird erst in den konkreten Unterklassen implementiert. Die abstrakte Viewklasse enthält lediglich die Schnittstellendefinition der Methode *modelChanged()*, welche diese erst durch konkrete Unterklassen mit viewspezifischer Funktionalität überschreibt.

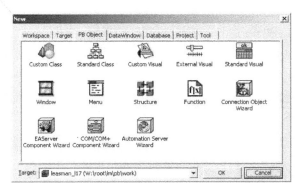

Abbildung 16: Dialog Erstellung von PowerBuilder® Objekten

6.1 AbstractModel::addModelListener()

Das Anmelden von Views durch die Methode *addModelListener()* und den damit verbundenen Steuerungen bedingt zweierlei Überlegungen. Zum einen muss der Methodenaufruf einen Übergabeparameter enthalten, welcher die Referenz des an zu meldenden Views beinhaltet, so dass vom Model selbst über diese Referenz auf das Viewobjekt zugegriffen werden kann. Zweitens ist die Verwaltung aller registrierten Views innerhalb einer Datenstruktur, so dass diese über eine Datenänderung benachrichtigt werden können. Da lediglich die Objektreferenzen gespeichert werden müssen, liegt die Verwendung eines einfachen Arrays nahe. Ein wesentlicher Punkt sowohl bei der Datenstruktur als auch bei dem Übergabeparameter ist die konkrete Typisierung dieser. Frameworkspezifisch könnte der Typ *AbstractModel* verwendet werden, was in der Praxis allerdings die Registrierung von Views ausschließen würden, welche nicht auf Basis des Frameworks erstellt wurden.

Die Verwendung des Typs *PowerObject*, welches das oberste Vaterobjekt der

23

PowerBuilder® Foundation Classes darstellt, ermöglicht auch die Übergabe aller nur denkbaren PowerBuilder® Objekte. Einziges Risiko dabei ist, dass nicht frameworkspezifische Views auch tatsächlich eine Methode *modelChanged()* implementieren, da dies ansonsten bei einer Datenänderung zu einem Laufzeitfehler führen würde.

Die Deklaration des Arrays zur Verwaltung der registrierten Viewreferenzen erfolgt als Instanzvariable und ist in Abbildung 17 dargestellt.

Abbildung 17: Implementierung Instanzvariablen

Instanzvariablen sind im Unterschied zu lokalen Variablen innerhalb der gesamten Objektinstanz bekannt und können somit als zentrale Datenstruktur durch die Methoden *addModelListener*, *removeModelListener* und *modelChanged* verwendet werden.

Die Implementierung der Methode *addModelListener* zum Füllen dieser zentralen Datenstruktur in Form eines Arrays ist in Abbildung 18 dargestellt.

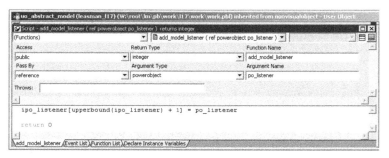

Abbildung 18: Implementierung der Methode *addModelListener()*

24

Das Verhalten dieser Methode ist denkbar einfach und so wird an das Ende des Arrays *ipo_listener* die übergebene Objektreferenz angehängt.

6.2 AbstractModel::removeModelListener()

Das Abmelden von Views erfolgt durch Aufruf der Methode *removeModelListener()* mit eben der ab zu meldenden Objektreferenz des Views als Übergabeparameter. Die Implementierung ist in Abbildung 19 dargestellt.

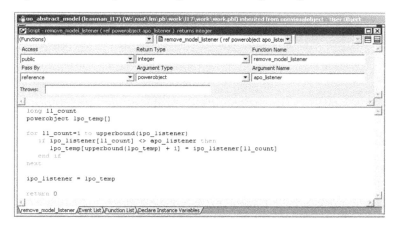

Abbildung 19: Implementierung der Methode *removeModelListener()*

Der Ablauf erfolgt dabei der Art, dass die übergebene Objektreferenz im Array gesucht wird und der gefundene Eintrag aus dem Array gelöscht wird.

6.3 AbstractModel::modelChanged()

Die Methode *modelChanged()* wird im Normalfall nur durch das Modelobjekt selbst aufgerufen, wenn dessen interne Daten sich bspw. nach der Methode *setData()* oder *callService()* geändert haben. Die Methode ruft intern, zu jeder im Array der Objektreferenzen verwalteten Views, die Methode *modelChanged()* auf. Die Implementierung ist in Abbildung 20 dargestellt.

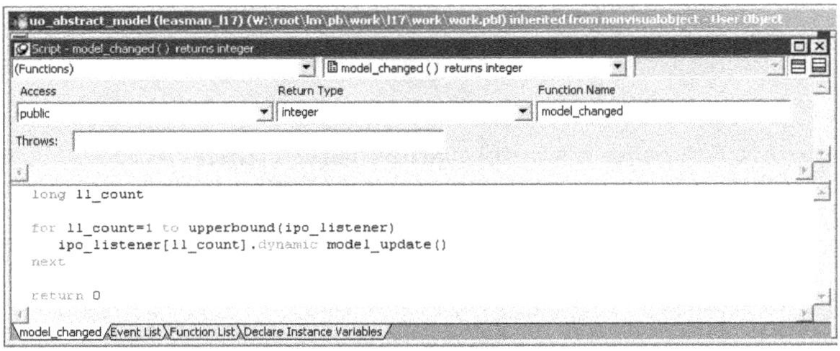

Abbildung 20: Implementierung der Methode *modelChanged()*

7 Prototyp

Ein konkretes Model zur Abbildung einfacher Funktionalität der Partnerkomponente und einem darauf aufsetzenden Views soll nun innerhalb einer Testumgebung realisiert werden. Die Partnerkomponente ist eine im bisherigen Refactoring Prozess entstandene Komponente und stellt einen der unabhängigsten Teile der KFZ-Leasingsoftware LEASMAN® dar. Die Partnerkomponente selbst hat kaum Abhängigkeiten gegenüber anderer Komponenten, wird aber von vielen Modulen der LEASMAN®-Software genutzt. Die Schnittstellen der Partnerkomponente decken daher eine Vielzahl von Anwendungsfällen ab.

Grundsätzlich besteht die Funktionalität dieser Komponente in der Anzeige, Pflege und Speicherung von Partnerstammdaten. Als Partner sind hier bspw. Autohändler, Banken, Fahrer, Finanzämter, Gutachter, Kunden, Makler, Mietwagenpartner, Reifenhändler, Versicherungen oder Tankkonzerne auf zu führen, um nur einige zu nennen. Deren Stammdaten setzen sich bspw. aus verschiedenen Anschriften, Bankverbindungen, Referenzdaten, Berechtigungen oder Zugangsdaten zusammen und werden außerhalb der Partnerkomponente vorwiegend lesend genutzt.

Genau für diese vorwiegend lesende Nutzung durch andere Komponenten der LEASMAN®-Software setzt der hier entwickelte Prototyp an. Es wird ein Model der Partnerkomponente entstehen, welches in der Lage ist, unterschiedliche

26

Ansichten mit Daten zu versorgen, wobei diese Ansichten einfach wiederverwendet werden können. Der View ist in Abbildung 21 dargestellt und verfügt zum einen über die Funktionalität der Suche, welche durch die Schaltfläche *Fernglas* ausgelöst wird. Zum anderen werden die Stammdaten des aktuell gewählten Partners in geeigneter Form dargestellt.

| 1012435 | 🔍 | Ralph Sommermeier, Stadlerstr. 19, 09126 Chemnitz |

Abbildung 21: Viewkomponente 1

Die Methode *modelChanged()* des Views ruft unterschiedliche Ausprägungen der allgemeinen Methode *getData()*, in der Form von *getName()*, *getStr()* oder *getOrt()* auf, worauf diese durch den View geeignet dargestellt werden. Die Betätigung der Schaltfläche *Fernglas* ruft eine modifizierte Ausprägung der allgemeinen Methode *callService()* auf und bietet die Möglichkeit einen anderen Partner zu wählen und dessen Daten durch den View zu visualisieren.

Das Partner Model erbt vom Abstrakten Model die allgemeinen Methoden *getData()* und *callService()* und erweitert diese um die benötigten Ausprägungen *getName()*, *getStr()*, *getOrt()* sowie *suche()*. Das Ergebnis ist ein View auf Basis eines Models, welcher auf vielfältige Weise in der gesamten LEASMAN®-Software eingesetzt werden kann, so wie dies in den Screenshots der Abbildungen 22, 23 oder 24 ersichtlich ist.

Die Fahrzeugbestellung erfolgt zwischen der Leasinggesellschaft und einem frei wählbaren Händler. Die Auswahl eines Händlers erfolgt durch die Schaltfläche *Händler* im unteren Bereich des Fensters und öffnet einen wiederverwendbaren Dialog für die Adresssuche. Genau diese Funktionalität wird ebenfalls durch den erstellten View abgedeckt, mit dem Vorteil, dass selbst der Aufruf, also der Quellcode hinter der Schaltfläche *Händler*, entfallen kann, da diese Funktionalität im Model gekapselt ist. Im Sinne einer effizienten Wartung und einer eventuellen Änderung der Aufrufparameter des Suchdialoges würde eine Anpassung aller Aufrufe des Suchdialoges nötig machen. Unter Verwendung der Views ist in diesem Falle lediglich das Model zu ändern und alle Programmkom-

27

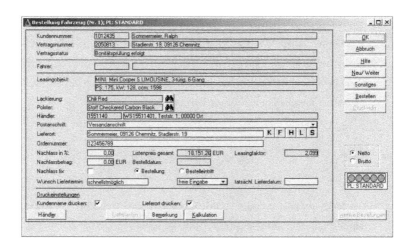

Abbildung 22: Screenshot Fahrzeugbestellung

ponenten arbeiten ohne großen Aufwand mit der geänderten Funktionalität.

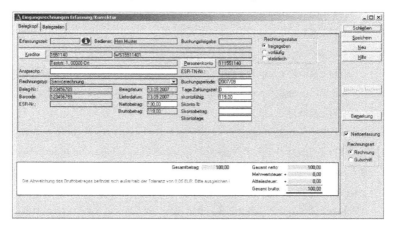

Abbildung 23: Screenshot Eingangsrechnung

Auch die Erfassung von Eingangsrechnungen erfordert die Angabe eines Kreditors, welche auf ähnliche Art und Weise den wiederverwendbaren Dialog zur

Adresssuche verwendet. Auch dies kann durch Verwendung der Views einfach und effizient erfolgen.

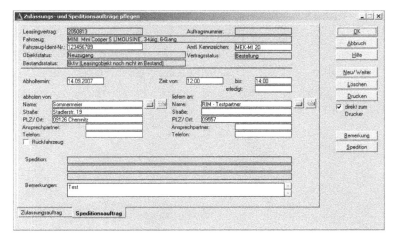

Abbildung 24: Screenshot Speditionsauftrag

Ebenso wird bei der Erfassung eines Speditionsauftrages, sei es zur Ausliefe-rung des Fahrzeuges zu Vertragsbeginn oder die Abholung des Fahrzeuges bei Vertragsende, eine Start und Zieladresse durch die allgemeine Adresssuche er-fasst. Hierbei lässt sich die erstellte Viewkomponente analog einsetzen und so sind bereits mehrere Stellen aufgedeckt, welche den Einsatz dieses Konzeptes verdeutlichen.

8 Fazit und Ausblick

Im Rahmen dieser Arbeit wurde sich mit zahlreichen Mustern beschäftigt, wobei sich herausstellte, dass durchaus noch weitere Ansätze existieren und im Zusammenhang mit diesem Thema weiteres Interesse wecken. Bspw. existiert ein Kompositum Muster, mit dem Hintergrund eine Teil-Ganzes-Hierarchie zu realisieren. Eine Verbindung dieses Entwurfsmusters mit der hier entwickelten Viewklasse würde eine verschachtelte Struktur von Views ermöglichen, welche prinzipiell beliebig komplexe Views ermöglicht, in denen selbst verschiedene Modelle miteinander interagieren können.

Um jedoch den Rahmen dieser Studienarbeit nicht zu sprengen, wurde hier ausdrücklich nur die generelle Machbarkeit innerhalb der IDE PowerBuilder® nachgewiesen. Fortführend sollte das Thema, insbesondere in Bezug auf das Kompositum Muster, in einer aufbauenden Arbeit vertieft werden um weitere Vereinfachungen durch die Anwendung von Entwurfsmustern zu erreichen.

Abbildungsverzeichnis

Abkürzungsverzeichnis

CSI   Computer Solutions Inc.

4GL   Fourth generation language

GUI   Graphical User Interface

IDE   Integrated Development Environment

IDS   Informix Dynamic Server

MCI   Mensch Computer Interaktion

MDI   Multiple Document Interface

MFC   Microsoft Foundation Classes

MRP   Manufacturing Resource Planning

MVC   Model View Controller

PFC   PowerBuilder® Foundation Classes

Literaturverzeichnis

[GoF95]   E. Gamma, R. Helm, R. Johnson, J. Vlissides. *Entwurfsmu-
           ster: Elemente wiederverwendbarer objektorientierter Software.*
           Addison-Wesley, 1995

[AM99]   Martin Fowler. *Analysemuster: Wiederverwendbare Objektmodelle.*
           Addison-Wesley, 1999

[APL77]   C. Alexander, S. Ishikawa, M. Silverstein, M. Jacobsob, I. Fiksdahl-
           King und S. Angel. *A Pattern Language.* Oxford University Press,
           1977

[FuE97]   Walter Zimmer. *Frameworks und Entwurfsmuster.* Shaker Verlag,
           1997

[TPH98]   Linda Rising. *The Patterns Handbook.* Cambridge University Press,
           1998

[PSA98]   F. Buschmann, R. Meunier, H. Rohnert, P. Sommerlad, M. Stal.
           Pattern-orientierte Software-Architektur. Addison-Wesley, 1998

[PLPD98]   James O. Coplien, Douglas C. Schmidt. *Pattern Languages of Pro-
           gramm Design.* Addison-Wesley, 1998

[BAF99]   Mohamed E. Fayad, Douglas C. Schmidt, Ralph E. Johnson. *Buil-
           ding Application Frameworks: Object-Oriented Foundations of Fra-
           mework Design.* Wiley, 1999

[DSAF99]   Mohamed E. Fayad, Ralph E. Johnson. *Domain-Specific Applicati-
           on Frameworks: Frameworks Experience by Industrie.* Wiley, 1999

[IAF99]   Mohamed E. Fayad, Douglas C. Schmidt, Ralph E. Johnson. *Im-
           plementing Application Frameworks: Object-Oriented Frameworks
           at Work.* Wiley, 1999

[AP98]   William J. Brown, Raphael C. Malveau, Hays W. McCormick III, Thomas J. Mowbray. *Anti Patterns: Refactoring Software, Architectures and Projects in Crisis.* Wiley, 1998

[PLPD]   James O. Coplien, Douglas C. Schmidt. *Pattern Languages of Program Design.* Addison-Wesley, 1998

[MVC79]   Trygve   Reenskaug.   *Trygve   Reenskaug   homepage..* http://heim.ifi.uio.no/ trygver/, 10.07.2007

[LANI]   Patrick Lannigan. *Powersoft History, PowerBuilder History.* http://www.lannigan.org/powersoft_powerbuilder_history.htm, 2004

[DEPAG]   DELTA proveris AG. *DELTA proveris AG - Fuhrparksoftware, Leasingsoftware, Flottenmanagement: DELTA proveris AG.* http://www.depag.de, 09.04.2007

BEI GRIN MACHT SICH IHR WISSEN BEZAHLT

- Wir veröffentlichen Ihre Hausarbeit, Bachelor- und Masterarbeit

- Ihr eigenes eBook und Buch - weltweit in allen wichtigen Shops

- Verdienen Sie an jedem Verkauf

Jetzt bei www.GRIN.com hochladen und kostenlos publizieren